초록 강 붉은 바다

글·그림 이새미

파란정원

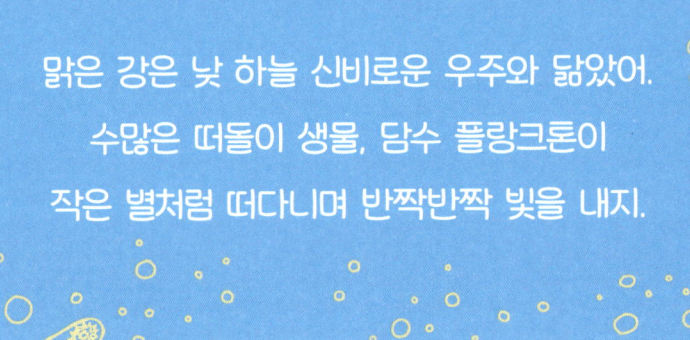

맑은 강은 낮 하늘 신비로운 우주와 닮았어.
수많은 떠돌이 생물, 담수 플랑크톤이
작은 별처럼 떠다니며 반짝반짝 빛을 내지.

푸른 바다는 밤하늘 찬란한 우주와 닮았어.
수많은 떠돌이 생물, 해양 플랑크톤이
하얀 눈꽃처럼 내려와 하늘하늘 춤을 추지.

맑은 강에서 수달 한 쌍이 다정하게 이야기를 나누고,
햇살 아래 물고기들이 자유롭게 헤엄을 쳤어.
사람들도 강과 더불어 행복하게 살았지.

푸른 바다에서 돌고래 한 쌍이 살랑살랑 인사를 하고,
태양 아래 물고기들이 파도를 타고 뛰어올랐어.
사람들도 바다와 더불어 행복하게 살았지.

쉬지 않고 흐르는 강물은 강을 숨 쉬게 했어.
바다를 향해 굽이치는 세찬 물소리에
물방울이 부서지듯 반짝거리면,
은빛 연어 떼가 그 강물을 따라 쉼 없이 거슬러 오르지.

쉬지 않고 순환하는 바닷물은 바다를 숨 쉬게 했어.
파도가 부딪치며 만든 리듬에 맞춰
바다도 경쾌하게 흔들춤을 추면,
돌고래들이 하늘로 환호하듯 크게 솟아오르지.

강과 만나는 습지에 강물이 놀러 와 산책을 하고,
지나가던 물새 떼가 발을 담그고 새집을 짓지.
개구리, 다슬기, 가재, 붕어, 다양한 생물들 신이 나고,
아이들도 신이 나서 습지 탐험을 하지.

바다와 만나는 갯벌에 바닷물이 들어와 쉬었다 가고,
먼 길 여행 중인 철새 떼 숨을 고르지.
소라게, 꽃게, 맛조개, 바지락,
다양한 생물들 흥이 나고,
아이들도 흥이 나서 갯벌 체험을 하지.

강물 속 숲이 푸릇푸릇 피어오르면
송사리, 올챙이가 잠수를 하지.
개구리밥, 연꽃, 갈대, 검정말, 맹그로브 신이 나고,
수달 가족도 신이 나 살랑살랑 꼬리를 흔들거리지.

바닷물 속 숲이 알록달록 춤을 추면
장난꾸러기 물고기들 물장구치지.
다시마, 파래, 미역, 김, 잘피, 산호 흥이 나고,
돌고래 가족도 흥이 나 팔랑팔랑 손을 흔들거리지.

자갈 속 미꾸라지 미끌미끌
"나 잡아 봐라."
돌 틈 사이 물고기들 요리조리 술래잡기하면
강에서 태어난 아기 수달도 술래잡기하고,
그물 잡은 아이들도
물고기랑 술래잡기하지.

바위 밭에 성게알 알알이 박혀
"꼭꼭 숨어라."
모래 위 조개들 껌벅 딸깍 숨바꼭질하면
바다에서 태어난 아기 돌고래도 숨바꼭질하고,
잠수하는 아이들도 물고기랑 숨바꼭질하지.

강물 흐르는 논에 초록 벼가 물결 따라 인사를 하고
강물 지나는 밭에 신선한 채소들이 자라나지.
강물 솟는 산과 들에는 꽃과 열매가 주렁주렁 열리고
강물 흘러간 농장에는 가축들이 무럭무럭 자라나지.

바닷물 가득 찬 소금밭에 보석 같은 소금꽃이 피어오르고
바닷물 흐르는 갯벌 밭에 다양한 생물이 살아가지.
바닷물 잠겨 있는 양식장에 해조류들 풍성하게 흔들거리고
바닷물 담겨 있는 양어장에 물고기들 풍요롭게 단잠을 자지.

어느 날, 천둥 치듯 바위가 사정없이 흔들거렸어.
부서지는 소리에 강물도 화들짝 놀랐지.
강가에 나타난 굴삭기가 바위를 뚫고 있었어.
집을 짓고 논밭을 만드는 시끄러운 소리가 점점 몰려들었지.
닫히고 줄어든 강물에 더러운 것들이 고이기 시작했어.
사람들은 집과 논밭에서 더러운 물을 강으로 흘려 보냈어.

어느 날, 폭풍 치듯 모래가 마구 쏟아졌어.
요란한 소리에 파도가 몸부림쳤지.
바닷가에 나타난 포클레인이 모래를 퍼내고 있었어.
공장을 세우고 양식장을 만드는 날카로운 소리가 점점 몰려들었지.
막히고 좁아진 바닷물에 지독한 것들이 모이기 시작했어.
사람들은 공장과 양식장에서 지독한 물을 바다로 흘려 보냈어.

강물에 숨어 있던 초록빛 씨앗이 싹을 틔우고.
유난히 길고 뜨거운 비정상적인 날씨 변화로
비가 오지 않는 강에는 초록빛이 점점 짙어졌지.

바닷물에 숨어 있던 붉은빛 씨앗이 싹을 틔우고.
유난히 길고 뜨거운 비정상적인 날씨 변화로
비가 오지 않는 바다에 붉은빛이 점점 진해졌지.

초록빛 한 줄기, 맑은 강물이
경쾌하게 흐르며 호로록 사라졌어.
비가 오는 날, 더러운 물이 땅속으로 스며들자
습지는 더러운 물을 막고 걸러 정화해 주었지.

붉은빛 한 줄기, 푸른 파도가
이리저리 부딪치며 꼬로록 사라졌어.
폭우가 쏟아지는 날, 지독한 물이 강을 타고 넘자
갯벌이 지독한 물을 막고 걸러 회복시켜 주었지.

사람들은 강과 습지를 깎고 닦아
점점 더 넓고 높은 대도시를 만들었어.
좁아진 강줄기는 느리게 흐르다 결국 끊어져 버리고.
강을 거슬러 오르던 연어 떼는 얕은 물에
지느러미를 그대로 드러내며 숨을 헐떡거렸어.
커다란 도시, 논밭과 농장에서 더러운 물을 계속 흘려 보냈어.
하지만 사라진 습지는 더러운 물을 걸러 줄 수 없었지.
온몸에 상처 입은 물고기들은 바다를 향해 도망을 쳤어.

바다와 갯벌을 덮고 막아
점점 더 큰 산업 도시를 만들었지.
파도로 일렁이던 바다는 점점 흐름을 멈추고.
바다에 사는 물고기들은 숨 쉬기 힘들어
입을 크게 벌리고 살기 위해 몸부림쳤어.
거대한 공장과 총총한 양식장에서 지독한 물을 많이 흘려 보냈어.
하지만 사라진 갯벌은 지독한 물을 막아 줄 수 없었지.
이곳을 벗어난 물고기들은 더 먼바다로 도망을 쳤어.

흐르지 않는 강에는 더러운 물과 악취가 고이기 시작했어.
더러운 물이 쌓이고 닫힌 강을 초록빛이 휘감아 버렸어.
강에 사는 물새 떼도 새집을 찾아 모두 떠나 버렸지.
하지만 바쁜 사람들에겐 울고 있는 강이 보이지 않나 봐.

멈춘 바다에는 지독한 물과 악취가 고이기 시작했어.
지독한 물이 쌓이고 막힌 바다를 붉은빛이 휘감아 버렸어.
해마다 날아오던 철새 떼도 눈치 빠른 물고기도
다시는 찾아오지 않았지.
하지만 바쁜 사람들에겐 울고 있는 바닷소리가 들리지 않나 봐.

강물 위로 초록 눈물이 가득 흐르기 시작했어.
더러운 물이 찰수록 초록 녹조도 짙어졌지.
강물 속 햇빛은 모두 사라지고,
썩은 이끼 사이로 떠오른 물고기들은
가쁜 숨을 내쉬며 살려 달라고 힘겹게 소리를 쳤어.

바닷물 위로 붉은 눈물이 가득 흐르기 시작했어.
지독한 물이 밀려올수록 붉은 적조도 진해졌지.
바닷물 속 햇빛은 점점 사라지고,
썩은 파래 사이에 갇힌 물고기들은
겨우 숨을 내쉬며 살려 달라고 힘겹게 소리를 쳤어.

더러운 물은 멈출 줄을 모르고 계속 흘러들었어.
뜨거워지고 있는 강물은 점점 더 짙어졌지.
초록 녹조는 점점 가라앉아 강물 속까지 덮어 버렸어.
깊은 강 숲속까지 어둠 가득 까만빛이 휘몰아쳤지.

지독한 물은 걷잡을 수 없을 만큼 쏟아져 들어왔어.
뜨거워지고 있는 바다는 점점 더 진해졌지.
붉은 적조는 점점 밀려 내려가 바다 속까지 덮어 버렸어.
깊은 바다 숲속까지 어둠 가득 까만빛이 휘몰아쳤지.

강바닥까지 초록 녹조가 들이닥쳤어.
모래밭 미꾸라지는 모래 속으로 몸을 숨기고,
자갈밭에 숨어 있던 물고기들은
초록 물에 닿지 않으려 재빠르게 도망쳤지.
어둠의 그림자를 피하라고 서로 소리쳤어.
"수달아! 너도 어서 멀리 도망가."

바다 바닥까지 붉은 적조가 들이닥쳤어.
모래밭 아기 거북이 모래 속으로 몸을 숨기고,
바위틈에 숨어 있던 물고기들은
붉은 물에 닿지 않으려 정신없이 피했지.
어둠의 그림자가 쫓아와 서로 소리쳤어.
"돌고래야! 너도 빨리 숨어."

초록 녹조가 뭉쳐지기를 반복하며 곤죽 덩어리가 되었어.
걸쭉한 곤죽 사이로 검은 거품과 함께 검은 가스가 피어올랐지.
녹조 곤죽이 파도처럼 밀려들어 강을 단숨에 삼켜 버렸어.
숨을 잃은 물고기 떼는 배를 내보인 채 하얗게 떠올랐고,
그물을 들어 올리면 숨을 잃은 물고기들만 가득했어.

붉은 적조가 뭉쳐지기를 반복하며 콧물 덩어리가 되었어.
끈적한 콧물 사이로 해양 점액과 함께 검은 가스가 튀어 올랐지.
적조 콧물이 파도처럼 밀려들어 순식간에 바다를 덮어 버렸어.
숨을 잃은 양식장 물고기 떼는 뒤집혀 떠오르고,
양식장 어망엔 텅 빈 성게와 해조류가 검은 물에 굴러다녔어.

숨을 잃은 물고기 떼는 썩어 들어가 검은 독을 내뿜었지.
통발에 잡힌 물고기도 썩어 검은 독을 토해 냈어.
바람 타고 구름 타고 검은 독이 멀리까지 번져 갔어.
어미 수달이 아기 수달을 애타게 부르고 있었어.
하지만 아무런 기척도 느껴지지 않았지.
그러나 사람들은 여전히 멈추지 않았어.

숨을 잃은 물고기 떼는 썩어 들어가 검은 독을 내뿜었지.
그물에 걸린 물고기도 썩어 들어가 검은 독을 토해 냈어.
바람 타고 파도 타고 검은 독이 멀리까지 퍼져 갔어.
아기 돌고래가 어미 돌고래를 소리쳐 찾고 있었어.
하지만 아무런 흔적도 보이지 않았지.
그러나 사람들은 여전히 멈추지 않았어.

이제는 맑았던 강엔 아무것도 살지 않게 되었어.
검은 물만 남기고 모두 말라 버렸지.
홀로 남은 어미 수달이 텅 빈 강을 쓸쓸히 바라보았어.

사람들은 무분별한 개발을 멈추기 시작했어.
사람들은 음식물 쓰레기를 줄이기 시작했어.
사람들은 천연 세제와 천연 비료를 사용하고,
땅으로 스미는 가축 배설물을 관리했지.

사람들은 폐수 배출을 줄이기 시작했어.
사람들은 산업 폐수 배출을 멈추기 시작했어.
사람들은 하수 정화 시설을 설치하고 철저하게 관리했지.

검은 물만 말라 있던 강에 비가 내리고,
아직도 뜨거운 강에 바람이 파도처럼 불어왔지.
검은 물이 씻기고, 말라 버린 강이 천천히 흐르기 시작했어.
맑은 물빛 한 줄기가 어미 수달 옆으로 몰래 다가와 스쳐 지나갔어.
어미 수달은 흐르는 맑은 물빛이 반가워 두 손으로 꼭 잡았지.

검은 독만 맴돌았던 바닷물에 비가 내리고,
여전히 뜨거운 바다에 파도가 바람처럼 불어왔지.
검은 독이 사라지고, 멈춰 버린 바다가 서서히 순환하기 시작했어.
푸른 물빛 한 줄기가 아기 돌고래 옆으로 살짝 다가와 스쳐 지나갔어.
아기 돌고래는 흐르는 푸른 물빛이 반가워 인사하며 꼬리를 쳤어.

시간이 흘러간 자리에
어린 이끼가 빼꼼 고개를 내밀었어.
물고기 한 쌍이 조용히 다가와 작은 물보라를 쳤지.

계절이 지나간 자리에
풀 한 포기 깜짝 자라 나왔어.
철새 한 쌍이 소리 없이 찾아와 물을 마셨지.

녹조와 적조는 강과 바다가 보내는 비상 신호

뜨거운 여름이 다가오면 푸른색으로 맑게 빛나던 강과 바다가 초록색과 붉은색으로 변할 때가 있어. 초록색 강과 호수엔 녹조가, 붉은색 바다엔 적조가 발생한 거야. 녹조와 적조는 사람들이 버린 쓰레기와 비료 등으로 인해 물속에 영양분이 많아져서 이것을 먹고 사는 조류와 생물들이 너무 많이 자라서 생기게 되지. ① 햇빛이 강하고 따뜻할 때 ② 물이 잔잔하게 흐르지 않고 잘 순환되지 않을 때 ③ 물속에 영양분이 많을 때, 세 조건이 모두 맞춰지면 특히 녹조와 적조가 잘 발생한다고 해.

녹조와 적조로 어떤 문제가 생길까?

1. 나쁜 냄새와 함께 독성 물질이 발생한다.
2. 물고기와 생물들이 죽는다.
3. 환경과 식수가 오염된다.
4. 물고기의 떼죽음으로 어민들이 큰 피해를 본다.
5. 많은 복구 비용이 발생한다.

맑은 물을 지키기 위해 무엇을 해야 할까?

> 깨끗한 물 우리가 지켜요!

❶ 세제와 비누를 많이 쓰지 않아요!
거품을 많이 내려고 비누나 샴푸 등을 많이 쓰게 되면 잘 헹궈지지 않아 도리어 피부에 좋지 않아요. 또, 헹구는 데도 많은 물이 사용되지요.

❷ 음식을 남기지 않고, 음식물 쓰레기는 잘 분리해서 버려요!
음식이 우리에게 많은 영양분을 주는 것처럼 음식물 쓰레기를 제대로 처리하지 않으면 강과 바다에도 영양분이 넘쳐 부영양화를 일으킬 수 있어요.

❸ 비료는 적당량만 쓰고 친환경 제품을 사용해요!
비료는 땅에 주는 영양제예요. 적당한 비료는 식물을 잘 자라게 하지만 비료를 과하게 사용하면 남은 비료가 물에 녹아 강과 바다로 흘러가 녹조를 발생시켜요.

❹ 하천과 바다에 쓰레기를 버리지 않아요!
하천과 바다에 쌓인 쓰레기는 환경을 오염시키고 물길을 막아 강과 바다가 순환하지 못하게 해요. 쓰레기는 쓰레기통에 제대로 버려요.

❺ 물을 아끼고 깨끗하게 사용해요!
실감하지 못하고 있지만 우리나라는 물 스트레스 국가에 속해 있어요. 양치 컵을 사용하거나 비누칠을 할 때 물을 잠그는 작은 습관으로 물을 아낄 수 있어요.

초판 발행 2025년 6월 20일
초판 인쇄 2025년 6월 11일

글·그림 이새미

펴낸이 정태선
펴낸곳 파란정원
출판등록 제395-2010-000070호
주소 서울특별시 은평구 가좌로 175, 5층
전화 02-6925-1628 | **팩스** 02-723-1629
제조국 대한민국 | **사용연령** 8세 이상 어린이
홈페이지 www.bluegarden.kr | **전자우편** eatingbooks@naver.com
종이 다올페이퍼 | **인쇄** 조일문화인쇄사 | **제본** 경문제책사

글·그림ⓒ2025 이새미
ISBN 979-11-5868-299-6 73810

이 책은 저작권법에 따라 보호받는 저작물이므로 무단 전재와 무단 복제를 금지하며,
이 책 내용의 전부 또는 일부를 이용하려면 반드시 저작권자와 파란정원(자매사 책먹는아이·새를기다리는숲)의 동의를 얻어야 합니다.
*잘못된 책은 구입하신 서점에서 바꿔 드립니다.